AF466759

Prix : 30 cent.

Les Partis Politiques et leurs Programmes.

Pour qui voter ?

Guide de l'Électeur

Les Partis Politiques

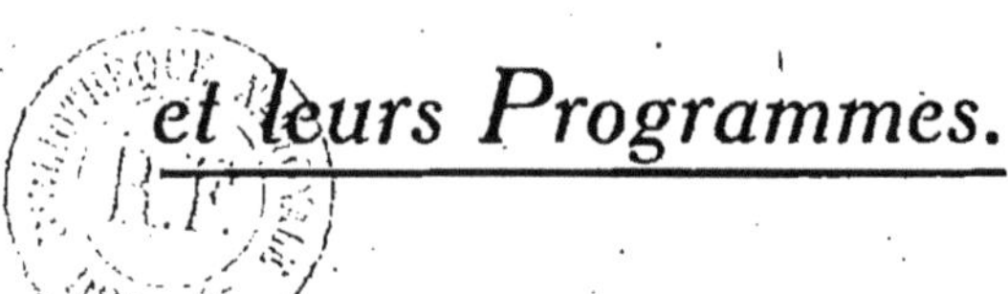

et leurs Programmes.

POUR QUI VOTER ?

Guide de l'Électeur

PAR AD. VASSE

Officier de l'Instruction Publique. — Officier du Mérite Agricole

INTRODUCTION

A chaque renouvellement de la Chambre, quand des nuées de candidats se sont abattues sur les villes et les campagnes; que les professions de foi et les déclarations de principes se heurtent en des mêlées tumultueuses, agrémentées parfois de coups de poing, parfois de coups de révolver, comme il convient dans un pays de libre discussion, il est facile de comprendre qu'une multitude d'électeurs, parmi ceux à qui la rudesse du labeur journalier n'a pas permis de se renseigner suffisamment sur la composition et le programme des partis, se trouvent fort embarrassés de fixer leur choix.

Tous ces candidats ont la plume plus ou moins alerte, la parole plus ou moins facile. Tous font de leur mieux pour discréditer leurs concurrents, et tous y parviennent aisément.

ls ne se rencontrent guère que sur un point ; tous possèdent la formule salvatrice qui doit assurer aux peuples et aux individus la plus grande somme de joie et de bien-être.

Il faut choisir, pourtant, car c'est le vote des électeurs qui, en définitive, fait les lois bonnes ou mauvaises dont toute notre existence dépend.

Il est clair, d'ailleurs, que si les bons citoyens s'abstiennent de prendre part au vote, les écumeurs de la politique auront beau jeu.

L'électeur trouvera dans les pages suivantes des renseignements succints et précis sur les différents partis qui se disputent la gloire de faire son bonheur.

A lui de choisir. A lui de se prononcer pour le parti qui répond le mieux à ses aspirations personnelles corrigées par l'intérêt général, qui est bien un peu aussi le sien.

A. V.

CLASSEMENT DES PARTIS

Si l'on s'en tient au point de vue purement politique, relatif à la forme du gouvernement, il est évident que l'on ne trouvera à la Chambre que deux grands partis ou coalitions de partis : les Monarchistes d'une part, les Républicains d'autre part.

Mais les sociétés humaines ne sont pas seulement des organisations politiques, elles sont encore des organismes économiques et sociaux.

Les institutions politiques sont l'ossature des sociétés : les institutions économiques et sociales en sont la substance musculaire.

De là un classement moins superficiel des partis, d'après le programme économique et social qui est comme le contenu de leur programme politique.

Dans toutes les représentations du monde on trouverait, sous des étiquettes variées, trois grands partis nettement différenciés par l'idée directrice dont ils s'inspirent :

Il y a le *parti du Passé*, qui tend à ramener la société en arrière; le *parti du Présent*, qui tend à immobiliser la société dans ses institutions actuelles; et le *parti de l'Avenir*, qui tend à entraîner la société vers des transformations plus ou moins profondes dont le germe est toujours contenu dans le présent.

Notre représentation nationale n'échappe pas à la loi commune.

Les trois grandes divisions géographiques de la Chambre : Droite, Centre et Gauche, répondent aux trois grandes divisions idéologiques hors desquelles il n'y a place pour aucune conception politique, économique ou sociale.

Hier, c'est la Droite; aujourd'hui c'est le Centre; demain, c'est la Gauche.

Réactionnaires, Conservateurs et Démocrates, tels sont les trois partis essentiels, catégoriques, pourrait-on dire, qui se disputent chez nous la souveraineté.

Il suffit de jeter un coup d'œil sur l'histoire parlementaire de la France pour se rendre compte que, depuis l'avènement de la troisième République, les majorités se sont déplacées en inclinant constamment et progressivement vers la Gauche.

D'abord la Droite s'est retirée au profit du Centre, puis le Centre lui-même a diminué au profit de la Gauche.

La concentration républicaine sur le Centre, dirigée à la fois contre la Droite et contre les éléments les plus avancés de la Gauche, a fait place, sous le ministère

Waldeck-Rousseau et sous les ministères suivants, à la concentration de toutes les Gauches contre la Droite et le Centre coalisés.

En sorte que la République paraît s'être définitivement engagée sur la route infinie de l'idéal démocratique.

Les coalitions de la Gauche avec le Centre, avec la Droite par conséquent, seront passagères ou tueront fatalement la République.

I.

Les Partis de Droite

On ne discute pas la République en Suisse, aux Etats-Unis, dans l'Amérique du Sud; il y a encore des gens qui la discutent en France.

Pourtant, lorsqu'un peuple a la bonne fortune d'être enfin le seul maître de ses destinées; qu'il peut réellement tout ce qu'il veut; que chaque citoyen, par son bulletin de vote, est appelé à collaborer indirectement à la rédaction du statut social, il semble bien que l'activité politique d'un tel peuple ne puisse plus avoir qu'un seul objet digne de lui: perfectionner de plus en plus l'instrument admirable dont il dispose.

Et l'on se demande par suite de quelles aberrations mentales, de quels atavismes terribles, de quelles influences occultes, de quelles dégénérescences physiques ou morales, il y a encore place chez lui pour l'effroyable nostalgie de la servitude.

Dans les rangs assez confus de la Droite, Royalistes et Impérialistes paraissent faire bon ménage, attendant l'étranglement problématique de la Gueuse. A côté d'eux s'agite le groupe Nationaliste.

Nous ne citerons que pour mémoire les Ralliés, dont les convictions républicaines, dictées par Léon XIII, n'ont jamais trompé personne.

1. — Parti Royaliste

Composé de royalistes plus ou moins constitutionnels, quelques-uns caressant encore l'inoffensive chimère d'une royauté absolue, telle que la Russie nous en offre aujourd'hui l'exemple peu envié.

2. — Parti Impérialiste ou Bonapartiste

La démagogie bonapartiste qui affecte volontiers des allures républicaines, démocratiques même, forme le parti de l'Appel au Peuple.

C'est au peuple qu'elle s'adresse pour en obtenir l'acte d'abdication nationale que constituerait l'élection d'un Empereur au Suffrage Universel.

Il est bien entendu que le peuple souverain élirait en même temps que le premier Empereur, tous ceux que l'hérédité appellerait ensuite à lui succèder.

Ce serait une manière élégante de simplifier le fonctionnement du suffrage universel.

Le parti Bonapartiste est plutôt muet sur les détails et même sur les grandes lignes de son programme politique. Pour lui, tout ce programme tient en deux mots : restaurer l'empire.

Voyons donc ce que fut ce second empire, dont on fait quelque chose comme l'organisation idéale d'une puissante démocratie.

De 1852 à 1858, c'est *l'empire autocratique, militaire et policier*, succédant à un régime de terreur inauguré par le coup d'Etat de 1851.

L'empereur partage le pouvoir législatif avec le Sénat et le Conseil d'Etat, dont tous les membres sont nommés par lui, avec le Corps législatif, élu au suffrage universel, sous la pression des candidatures officielles.

Lui seul a l'initiative des lois. Les amendements proposés par les députés sont renvoyés, sans discussion, au Conseil d'État qui statue.

Ni liberté de presse, ni liberté d'association, ni liberté de réunion.

De 1859 à 1868, c'est *l'empire libéral*.

Les condamnés du 2 décembre sont amnistiés.

En 1860, un décret accorde au Corps législatif et au

Sénat le droit de discuter et d'envoyer des *adresses* à l'empereur, avec le droit de publier, enfin ! — leurs débats *in extenso*.

En 1867, le *droit d'interpellation* est octroyé aux députés.

L'année suivante, l'empereur concède, avec beaucoup de restrictions, le *droit de réunion*.

Une loi sur la presse supprime *l'autorisation préalable*.

Le libéralisme de l'empereur ne l'empêche pas de proposer, de faire voter, de sanctionner et de faire exécuter avec une rigueur impitoyable la *loi de sûreté générale* qui autorise le gouvernement à faire interner ou à faire déporter *sans jugement* toutes les personnes qui ont été condamnées antérieurement pour cause politique, et toutes celles qui le seront à l'avenir.

Le général Espinasse, appelé au ministère de l'Intérieur, fait arrêter plus de 2000 personnes en quelques mois.

A la fin de 1869, voici *l'empire parlementaire*.

Il faut arriver au 2 janvier 1870 pour voir le premier ministère parlementaire, solidairement responsable.

Après, c'est l'invasion, Sedan, la capitulation de Bazaine, dont la conduite est approuvée par *tous ses généraux*, que nous reverrons plus tard à la tête de nos divisions et de nos corps d'armée.

Tel est le régime que les bonapartistes proposent à l'admiration des citoyens français.

Quelques bonapartistes s'intitulent *républicains consulaires*.

Ce qu'ils veulent, disent-ils, c'est une République forte, une République très forte, dont le Président serait élu au suffrage universel et à vie . . ., à condition que ce Président fût un Bonaparte !

L'histoire de la deuxième République nous renseigne suffisamment sur les intentions de ces républicains bonapartistes.

Leur Président à vie ne saurait être qu'un empereur déguisé, en même temps qu'il serait un candidat à l'empire héréditaire.

La question de l'élire au suffrage universel ne se pose même pas.

La poser, c'est déjà sortir de l'idée républicaine.

Les fonctions du pouvoir exécutif sont trop redoutables en effet pour que, dans une démocratie soucieuse de son avenir immédiat, elles puissent faire l'objet d'un mandat de longue durée, et, à plus forte raison, d'un mandat d'une durée illimitée.

Toutefois, lorsque les bonapartistes reprochent au parti républicain de limiter arbitrairement les droits du suffrage universel en lui refusant l'élection du chef de l'Etat, il semble difficile, à première vue de ne pas se ranger à leur côté.

A la réflexion, on trouve, qu'il y a là un joli sophisme et une belle équivoque, rien de plus.

Le Président de la République n'est qu'un rouage

impersonnel, anonyme, pour ainsi dire, — de la machine parlementaire.

Constitutionnellement, il ne détient pas la moindre parcelle de pouvoir personnel Tous ses actes sont contresignés par les ministres responsables qui le couvrent. Il est une émanation de la Représentation nationale organisant elle-même son fonctionnement, La nation ne le connaît pas, et c'est bien pour cela qu'il est irresponsable.

Elu au suffrage universel, il devient responsable devant ses électeurs, il leur doit des comptes.

Quant il agit, — et les bonapartistes le savent bien, — ce n'est plus seulement au nom de la Constitution, dont il a la garde, c'est au nom du Collège électoral, au nom du peuple, qui peut toujours modifier sa constitution.

De là à se substituer au peuple pour violer la Constitution, il n'y a qu'un pas, le pas que franchit avec la désinvolture que l'on sait le futur Napoléon III.

Au surplus, le peuple est souverain; s'il veut l'empire qu'il le dise et il l'aura; s'il veut la république, il veut nécessairement et du même coup la mettre à l'abri des surprises et des coups de force.

A quoi bon, dès lors, discuter des combinaisons bâtardes, manifestement inspirées par l'improbité d'une politique d'équivoques et d'aventures ?

Il ne s'agit pas de savoir s'il faut renforcer le prestige et la puissance effective de la présidence. Il s'agit bien plutôt de savoir si la présidence n'est pas une entité inutile et coûteuse qu'il faut supprimer ; ou bien une survivance monarchique périlleuse et nuisible, qu'il faut encore supprimer.

3. — Parti Nationaliste

La plupart sont des monarchistes avèrés. Beaucoup se disent républicains et parmi ces derniers, la plupart ont adopté la vague et fallacieuse étiquette de «Républicains indépendants», tellement *indépendants*, en effet, qu'ils n'ont absolument aucun rapport avec cette idée républicaine dont ils se réclament audacieusement pour faciliter leur propagande exclusivement nationaliste, réactionnaire et cléricale. Républicains indépendants ou simples nationalistes, tous sont imbus de l'esprit réactionnaire de la Droite, et tous l'adaptent aux procédés violents de la démagogie césarienne. Comme les vieux partis dynastiques, tous font reposer l'organisation sociale sur le principe d'autorité, alors que la République le fait reposer sur le double principe de l'égalité et de la souveraineté du peuple.

Tous — à part quelques-uns qui se disent libres-penseurs — luttent âprement pour le triomphe du cléricalisme, c'est-à-dire pour la subordination de la société laïque à la société religieuse et à ses hiérarchies sacerdotales.

Tous proclament la doctrine essentiellement césarienne de la suprématie du pouvoir militaire sur le pouvoir civil.

Ce dernier point de leur programme, est, au fond, la caractéristique d'un parti de guerre civile ou de guerre étrangère qui réunit des hommes venus des quatre coins de l'horizon politique.

Si la conception nationaliste pouvait triompher du bon sens national, l'armée, soustraite au contrôle de la nation, deviendrait une sorte d'organisme autonome, un véritable État dans l'État, et la haute armée se recrutant librement, par la faveur, dans les rang serrés de la réaction, deviendrait du coup l'arbitre de nos destinées.

D'instrument de la défense républicaine et de la défense nationale, l'armée serait devenue l'instrument docile d'une caste irresponsable, arrogante et souveraine, campée au cœur de la République et toujours à même de lui imposer, par la violence ou la menace, ses pires décisions.

Ce serait, à bref délai, le retour de la monarchie.

Le nationalisme, à qui sont allés des hommes sincères — des hommes d'action surtout, — qu'avait séduits son audace, a trouvé des théoriciens qui ont tenté de lui donner une base scientifique.

Ils n'ont fait que le dépouiller de ses brillants oripeaux, et le Monstre nous est apparu dans toute la hideur de sa brutale nudité.

Identifiant au nom de la science, la sociologie et la zoologie, la loi morale et les lois biologiques, l'instinct de conservation et l'instinct de sociabilité; niant avec une énergie farouche que les sociétés humaines puissent et doivent s'affranchir de la loi naturelle qui régit les espèces animales, les jette les unes contres les autres, les condamne à se dévorer mutuellement; partisans enthousiastes des guerres de conquête et de pillage que répudiait déjà la Constitution de 1848; méprisant comme des chimères malfaisantes et ridicules les idées modernes qui tendent à assurer aux peuples laborieux la possibilité de se développer normalement dans une atmosphère de paix et de sécurité en substituant — au moins progressivement — l'arbitrage international aux conflits armés et les milices défensives aux grandes armées offensives, le Nationalisme représente vraiment l'éternelle barbarie imperfectible et toujours renaissante.

Pour s'assurer la clientèle des simples et des naïfs, pour qui les mots sonores et les attitudes héroïques tiennent trop souvent lieu d'argument, il a jeté la Patrie dans la mêlée des partis, et l'ensemble d'idées convulsives qui constitue son programme ultra-réactionnaire a été décoré du nom de patriotisme.

L'électeur songera sans doute qu'il est d'autant moins périlleux de faire profession d'un patriotisme exalté que la France en dépit de certaines rodomontades étrangères, n'est sérieusement menacée par personne.

Peut-être y aurait-il moins de vaillants sous les obus que l'on n'en découvre dans les réunions politiques et dans les rédactions des journaux nationalistes.

Tout au moins, ce ne seraient probablement pas les mêmes.

PROGRAMME ÉCONOMIQUE DES PARTIS DE DROITE

Les hommes de la Droite seraient des réactionnaires incomplets s'ils n'appliquaient pas, à l'économie, les principes qu'ils appliquent à la politique pure.

En présence de la société qui progresse lentement, mais sûrement, modifiant ses procédés, transformant la production, l'échange et même la répartition des richesses produites, leurs idées sont demeurées immuables.

Ils restent figés, fossilifiés dans leur égoïsme de parti puissamment riche qui ne veut rien abandonner de ses rapines ni de ses espérances de domination.

Partisans de la libre concurrence ouvrière, qui oblige les bras inoccupés à s'employer à n'importe quel prix, ils admettent fort bien cependant que l'État, par des moyens artificiels qui limitent ou détruisent la concurrence capitaliste; par l'établissement de droits protecteurs qui sont toujours payés par l'acheteur français, même quand il achète des produits français; défende les entreprises nationales contre les entreprises étrangères.

Ils admettent bien que l'État subventionne directement ou indirectement, aux frais des contribuables ou aux frais des consommateurs, de nombreuses catégories d'industriels qui deviennent ainsi de véritables rentiers d'État, tirant leurs revenus de l'impôt et non de leurs entreprises. Mais ils n'admettent pas que le même État protège les travailleurs.

Ils sont les protagonistes irréductibles de la fameuse liberté du travail, mais à condition qu'elle reste surtout la liberté du capital, la liberté d'exploitation, incompatible avec une organisatian rationnelle et vraiment humaine du travail.

Selon la conception réactionnaire, l'industriel, le propriétaire, le commerçant, le banquier, même lorsque c'est à l'intervention de l'État qu'il doit sa prospérité, est chez lui, le maître absolu et le seul maître. Il est le seul juge de son intérêt et ne connaît que son intérêt.

Il a le monopole de la production et de l'échange. Il dispose à sa guise des capitaux qui entretiennent le travail national.

Il fixe seul les salaires et il les fixe comme il l'entend L'ouvrier qui loue sa force de travail, l'ouvrier qui vend à forfait et par contrat le produit de son travail personnel n'est pas admis à discuter les clauses du contrat. Il accepte ou il refuse. Il se prononce par oui ou par non. On ne lui reconnaît que le droit de consentir des rabais.

Le contrat de travail étant essentiellement provisoire, révocable à toute heure, le travailleur, quand il en reçoit l'ordre, quitte le travail sans broncher.

Et s'il y a des femmes et des enfants qui meurent de faim, tant pis ! Et si la race, insuffisamment nourrie, s'étiole et dégénère, tant pis encore ! Et si ces dégénérés physiques sont en même temps des dégénérés moraux parmi lesquels se recrute l'armée du crime, tant pis, tant pis toujours ! En produisant des richesses, l'industriel s'acquitte de sa fonction sociale : le reste ne le regarde pas.

Pourtant, si les détenteurs du capital national sans lequel il n'est pas de production possible refusent de s'entendre pour organiser le travail de façon à garantir à toutes les catégories de producteurs le droit de vivre de leur travail ; si l'Etat ne doit pas créer cette organisation par la voie légale ; si les travailleurs eux-mêmes ne peuvent la réaliser progressivement par leur propre effort dans une société, où, dépouillés du droit d'association et de coalition, du droit de grève, et du droit élémentaire qu'ont les êtres humains de se réunir pour discuter leurs intérêts, ils seraient ramenés brutalement à une condition voisine de l'esclavage antique, que va-t-il rester à ces travailleurs ?

Rien que le recours désespéré à la violence !

La révolte individuelle ou collective constitue un droit qui ne se concède pas : on le prend.

C'est aussi le seul que le programme féroce des partis réactionnaires laisse au prolétariat, avec les terribles aléas, les catastrophes, les reculs subits que peuvent contenir les convulsions furieuses d'une multitude insuffisamment préparée à une action consciente et méthodique.

Pour justifier leurs conceptions antisociales et antihumaines, les chefs de la Réaction invoquent audacieusement la liberté.

On conçoit en effet que les gros ont toujours intérêt à réclamer la liberté de manger les petits, surtout quand cette liberté s'appuiera sur une armée formidable et sur toutes les forces que manie la centralisation des pouvoirs.

Ces fameux appels a la liberté masquent tout simplement la négation brutale du Droit et du Devoir.

Ou plutôt ce qu'ils appellent la liberté, dans une société qui serait basée sur l'inégalité fondamentale des individus et des classes, c'est tout le Droit en haut, tout le Devoir en bas.

Au principe essentiel de la solidarité sociale, qui n'est, au fond, que l'organisation de la Justice, l'organisation de l'Egalité de tous devant un minimum de Droit social, ils opposent une vague Charité chrétienne qui lie et délie les cordons de sa bourse quand il lui plait, et autant qu'il lui plaît.

En d'autres termes, à la solidarité obligatoire, ils opposent la solidarité libre.

Toujours la liberté !

A défaut de la logique, cependant, l'énorme poussée du prolétariat contemporain qui est un fait matériel dont il faut bien tenir compte, qu'on le veuille ou non, en a converti un certain nombre à l'interventionisme.

Mais ils limitent généralement l'intervention de l'Etat à la police, à l'hygiène et à la sécurité des ateliers ; les clauses du contrat de travail proprement dit — temps de travail, salaires, etc., — demeurant en dehors de sa compétence.

Ils sont bien forcés aussi de tenir compte des associations professionnelles, des syndicats ouvriers, puisque ces syndicats existent et se développent d'année en année.

Mais ils ne leur reconnaissent d'autres droits que celui de professer des idées réactionnaires ou de s'entendre à l'amiable avec le patronat pour régler les détails de leur application.

Cela, paraît-il, c'est encore de la liberté !

PROGRAMME SOCIAL DES PARTIS DE DROITE

Leur programme social tient en une phrase : c'est l'asservissement de la société laïque à la société religieuse, l'invasion de la société laïque par le prêtre, le moine, la « bonne sœur ».

On les trouve partout : à l'école où ils tuent l'esprit scientifique au profit de l'esprit religieux ; dans les hôpitaux où ils *convertissent* les moribonds, s'emparent des cadavres ; dans les établissements d'assistance, qu'ils transforment en établissements de torture et d'exploitation éhontée ; dans toutes les administrations, où leur ombre se profile, désignant les candidats à l'avancement ; dans la rue, où ils imposent leurs croyances au cours de somptueuses processions ; dans les familles, où ils sèment la division, captent les héritages.

Les moines vendent de tout, achètent de tout, reçoivent des legs et des subventions, constituant une main-morte formidable qui ne tarderait pas à devenir une puissance financière capable d'assurer leur domination sur tout le pays.

La France n'est plus que la vassale du Pape, puisque le Pape tient de Dieu le droit d'*annuler* les lois qui déplaisent à son Infaillibilité.

C'est du reste ce que fit explicitement Léon XIII pour les fameuses lois de mai, en Allemagne, à l'époque du Kulturkampf (lutte pour la civilisation).

« La sanction, — a dit un professeur à la Faculté de droit de Paris : M. Emile Chenon — dans une conférence que reproduit un opuscule du clérical *Sillon* — la sanction, c'est qu'alors les sujets ne sont plus obligés en conscience ; et la conséquence, c'est que chaque particulier peut user du droit de *résistance*, et la nation du droit de *révocation*. Ainsi, aux yeux des cléricaux, les citoyens ne doivent plus obéissance aux lois condamnées par le Pape. Le Pape a toujours la faculté d'intervenir directement dans notre politique intérieure et extérieure ; la souveraineté nationale est strictement limitée par une souveraineté plus haute ; celle du Pape italien.

Et ces gens là nous chantent sur tous les tons l'excellence de leur patriotisme.

Leur doctrine sur l'enseignement n'est pas moins suggestive.

Ne pouvant imposer par la force l'enseignement de leurs rêves, ils réclament pour le père de famille la liberté — toujours la liberté ! — de faire donner à ses enfants tel enseignement qu'il lui conviendra.

Quant à la liberté de l'enfant, quant au droit de l'enfant, au développement normal de ses facultés, ils les ignorent. L'intérêt primordial qu'a naturellement la société à ce que le cerveau des futurs citoyens ne soit pas déformé par un enseignement contraire à l'idéal humain, à la science, au patriotisme *civique*, ils n'en ont cure.

S'il plait au père de famille de faire instruire son rejeton dans l'art de cambrioler adroitement les propriétés ou dans l'art de manier avec précision le surin des escarpes, c'est évidemment son droit, puisqu'il est libre.

Leur conception de la neutralité scolaire imposée par la République dans toutes les écoles officielles peut se résumer ainsi :

La liberté absolue pour le professeur et l'instituteur de développer les doctrines cléricales ; défense absolue pour les mêmes d'exposer les doctrines scientifiquement prouvées, qui seraient susceptibles de blesser les jeunes « consciences » cléricales.

Eh ! bien, et les autres « consciences » elles ne comptent donc pas ?

II.

Le Centre

Le parti dont les représentants siègent au Centre s'est intitulé « Parti progressiste », sans doute parce qu'il admet spéculativement la loi du progrès, sans rien faire, du reste, pour hâter l'évolution sociale qui nous emporte vers un idéal de justice et d'égalité.

Il eût été plus conforme à la vérité de l'appeler : Parti républicain conservateur.

Les hommes de cette nuance ont pu rendre de très grands services à la République à l'époque où il s'agissait de la défendre contre la coalition des partis dynastiques, mais aujourd'hui que la République est profondément enracinée dans le sol, ils ne peuvent plus qu'apporter des obstacles à son développement nécessaire et mettre en péril l'existence même du régime par les concessions excessives qu'ils se montrent disposés à faire à ses pires ennemis.

Qu'importe la forme républicaine si son contenu doit rester monarchique, si la Société doit continuer à être basée sur le principe d'autorité, si le gouvernement dispose librement de la force sociale contre la nation éprise de progrès démocratique, si le rôle du pouvoir central consiste à maintenir le peuple dans l'obéissance et dans l'immobilité, et s'il est des questions que les représentants élus de la collectivité nationale n'ont même pas le droit d'aborder ?

Qu'est-ce qu'une République où le peuple n'est souverain que pour déléguer sa souveraineté ou se la laisser confisquer ; où il cesse d'être souverain quand il s'agit d'organiser l'enseignement, la justice, le travail?

Les partis démocratiques considèrent donc comme des républicains incomplets, comme des républicains entachés de monarchisme, ceux qui sont républicains au sens politique du mot sans l'être au sens social.

Les progressistes sont des républicains parlementaires qui, en somme, trouvent le régime actuel suffisant; ils n'en incriminent que le fonctionnement.

Quant à leurs conceptions économiques et sociales, elles sont presque exactement les mêmes que celles des partis de droite. Il est inutile d'en faire l'exposé.

Bien que leur importance numérique ait considérablement diminué, leur activité est très grande encore dans le pays.

Pour résister plus énergiquement à l'énorme poussée de la démocratie sociale, qui est essentiellement laïque, ils se sont rapprochés des partis cléricaux et leur ont donné tant de gages qu'ils n'en sont plus séparés que par des questions de forme et par l'emploi d'une rhétorique différente.

L'expansion libre du cléricalisme, ils la défendent non pas au nom de la vérité religieuse, non pas au nom de l'union nécessaire du pouvoir spirituel et du pouvoir temporel, mais simplement au nom de la tolérance et de la liberté.

Leur libéralisme est si grand qu'ils lui sacrifient jusqu'à la liberté!

Nous avons vu plus haut que, sous le régime présent, les cléricaux ont adopté exactement la même tactique.

Dans l'ordre économique, il semble que les progressistes n'aient rien appris. Ce sont eux, beaucoup plus que les réactionnaires de la droite, qui ont organisé dans le pays la résistance aux idées modernes. Ce sont eux qui luttent avec le plus de vigueur contre l'établissement de relations plus démocratiques entre le capital et le travail par l'intervention de l'Etat.

Depuis quelques années, ils ont fait les plus grands efforts pour constituer des *syndicats mixtes* où l'élément ouvrier est complètement dominé par l'élément patronal, et des *syndicats jaunes* entièrement dévoués à leur cause, destinés dans leur esprit à faire avorter le vaste mouvement qui pousse les travailleurs de toutes les catégories à s'unir étroitement dans le but de conquérir un peu plus d'indépendance et un peu plus de bien-être, sans nuire au développement économique du pays.

Ils ont pu persuader à une foule de petits entrepreneurs qui, en plus de leur capital restreint, fournissent une somme parfois considérable de travail, qu'ils sont des capitalistes, et que leur cause se sépare de celle de la démocratie sociale.

On peut donc dire que le parti progressiste est un parti économiquement réactionnaire. Il représente avant tout la grande propriété, la grande industrie, le haut commerce et la haute banque. Il tend à l'accumulation des richesses sans s'inquièter de leur répartition autrement que ne l'exigent ses intérêts électoraux.

Il rappelle d'une façon remarquable, dans ce qu'ils eurent de mauvais, les Girondins de la Révolution.

Son obstination à se mettre en travers d'une évolution fatale, qu'il n'est plus au pouvoir de personne d'arrêter, en fait un véritable anachronisme.

C'est un vieillard égoïste et grincheux qui ne comprend rien aux aspirations généreuses des hommes de notre époque. Il a fait son temps

Sous le ministère Rouvier, un certain nombre de députés progressistes se sont avisés que, depuis de longues années, les bulletins de vote de leur parti se confondaient invariablement avec ceux de la pire réaction. Ils en ont paru fort écœurés et se sont constitués en groupe distinct.

Leur but réel était de ramener la majorité vers le Centre en rejetant les socialistes dans l'opposition systématique.

Il ne pouvaient réussir et n'ont pas réussi d'abord. Mais il était écrit que toutes les formes sournoises de la Réaction, tour à tour, auraient leur période de triomphe dans ce pays.

L'histoire nous dira à quels formidables écueils «l'élargissement de la majorité républicaine» aura conduit la République démocratique et laïque.

III.

Les Gauches

Les partis de gauche comprennent : la Gauche proprement dite, formée des éléments les plus modérés de la Démocratie, et l'Extrême-Gauche, formée des éléments les plus avancés.

La Gauche comprend deux partis :

1° Le Parti démocratique, divisé en deux groupes sous la législature actuelle : Gauche démocratique, Union démocratique.

2° Le Parti radical, représenté par un seul groupe : la Gauche radicale.

L'Extrême-Gauche comprend, comme la Gauche, deux partis :

1° Le Parti radical-socialiste, actuellement divisé en deux groupes : Gauche radicale-socialiste, Extrême-gauche radicale-socialiste.

2° Le Parti socialiste, divisé également en deux fractions : socialistes indépendants et socialistes unifiés.

I — Parti démocratique (modéré)

Ce sont les anciens Opportunistes, les Opportunistes de bon aloi, qui, théoriquement, n'assignent pas de limites au progrès, mais qui pratiquement en subordonnent les réalisations aux contingences.

Ils estiment qu'une réforme — une réforme importante bien entendu — doit pour ainsi dire être faite dans les esprits, dans les mœurs, ou tout au moins dans les tendances révélées par ces mœurs, avant d'être imposée par la législation ; les réformes prématurées ne pouvant, à leur avis, que produire des perturbations profondes, nuisibles au progrès en général.

Considérée en soi, cette théorie est incontestablement exacte. Elle ne fait que réduire en formule pratique la théorie scientifique de l'évolution sociale. Elle est, du reste, commune à tous les démocrates qui ont le sens des réalités historiques.

L'important est donc de ne pas la pousser à l'extrême, de ne pas en faire le prétexte facile, derrière lequel s'abritent les timidités excessives et les résistances au progrès.

Dès qu'une réforme politique, économique, sociale, répond aux aspirations générales de la Nation, elle est mûre.

Quelles que soient les résistances à prévoir, il faut la réaliser ; très rapidement les esprits et les mœurs s'adapteront à la nouvelle législation.

Sous le ministère Combes, la *Gauche démocratique*, s'est séparée de l'ancienne *Union démocratique* où sont restés tous les *dissidents*, qui représentaient la fraction la moins avancée et la plus hésitante du parti.

Si les hommes de ces deux groupes, que l'on appelle communément « les républicains modérés » de gauche, n'ont pas, à beaucoup près, l'élan des partis plus avancés, peut-être remplissent-ils pourtant une fonction utile, sinon nécessaire.

Ils sont, dans la démocratie, le parti conservateur.

Pendant que d'autres plus ardents, plus hardis, et par là même plus téméraires, vont toujours de l'avant, livrant les premiers assauts, préparant de nouvelles conquêtes, ils gardent, eux, le terrain conquis.

Dans les moments de crise, ils sont là pour prévenir les surprises. Ils sont le prémier rempart où se brisent les mouvements offensifs de la Réaction.

Ils ont dans le pays une organisation de propagande qui a rendu des services à la cause républicaine: *l'Alliance démocratique*.

Les idées qu'ils défendent affirment des *tendances*. — tendances inspirées par la libre-pensée et par la démocratie sociale — plutôt qu'elles ne s'appuient sur un programme précis.

Leur véritable programme, c'est celui des partis plus avancés, à mesure que les dispositions leur en paraissent réalisables et dans la mesure où elles leur paraissent réalisables. Le danger constant, pour eux, c'est la peur d'aller trop vite, c'est-à-dire le recul vers la Droite.

2. — Parti Radical

Lorsque Gambetta, dès 1878, abandonna ouvertement les doctrines intransigeantes du vieux parti républicain pour ramener le programme démocratique de 1869 à un programme indéterminé de «réformes opportunes.» — d'où le nom d'Opportunistes, donné alors à ses fidèles — les radicaux n'hésitèrent pas à se séparer de lui.

La scission fut plus complète encore en 1879, après le fameux discours de Cherbourg, lorsqu'il fut évident pour tous que l'évolution subie par le grand tribun le rapprochait désormais des républicains conservateurs.

Malgré cette scission, l'opportunisme n'en déteignit pas moins sur l'ensemble du Parti radical, qui mit vingt ans à ressaisir toute son ancienne vigueur offensive.

Quant au programme de 1869, il n'en reste pas grand'chose aujourd'hui.

La suppression des armées permanentes, par exemple, a été jetée délibérement par dessus bord, sous l'influence des idées de revanche et de relèvement national qui germèrent spontanément dans les esprits après les désastres de 1870.

Sans doute la décentralisation administrative n'a pas complètement disparu du programme radical, mais elle ne paraît pas de nos jours exciter un enthousiasme exagéré.

Des préoccupations plus immédiates l'ont reléguée à l'arrière plan. La suppression du Sénat et de la Présidence de la République, qui avait trouvé asile dans le même programme, semble en être sortie devant les difficultés que présenterait actuellement cette espèce de révolution parlementaire; devant ses dangers aussi, du moins en ce qui concerne la suppression du Sénat, dont la majorité est devenue, de réactionnaire qu'elle fut à l'origine, le plus ferme soutien du régime politique.

Est-ce un résultat de la longue collaboration du Parti radical avec le Centre, en des temps où l'on ne trouvait pas d'autre combinaison parlementaire pour lutter, avec quelque efficacité, contre la coalition des partis dynastiques? Faut-il en rejeter la responsabilité sur l'insuffisance de son organisation sur sa rapide croissance? Toujours est-il qu'il règne malheureusement dans son programme de réformes immédiates une fâcheuse imprécision.

Les éléments suspects qui ne pouvaient manquer de se glisser dans ses rangs à la faveur de cette imprécision, sous le couvert d'idées générales qui ne se traduisent pas en réformes positives strictement déterminées, n'ont pas été sans provoquer autour d'eux une espèce de désarroi préjudiciable au prestige du parti en général.

Le Parti radical, dont l'aile droite, d'année en année, se grossit des contingents qui lui viennent des partis moins avancés, tandis que l'aile gauche, de plus en plus, accentue le mouvement qui la rapproche des partis les plus avancés, représente dans le pays une force réellement imposante.

On peut dire des radicaux qu'ils incarnent les idées moyennes de la démocratie contemporaine, et que d'eux dépend, en grande partie, l'avenir de la République.

Si on peut leur reprocher d'avoir eu de nombreuses faiblesses, comme on peut le reprocher un peu à tous les partis politiques, il faut leur rendre cette justice, qu'ils ont su presque toujours les faire oublier.

Ils ont pu, dans un moment d'engouement, créer la dangereuse personnalité du général Boulanger, mais ils l'ont combattu avec une rare énergie dès qu'ils ont compris dans quelle aventure ils s'engageaient.

Ils ont pu favoriser l'éclosion du nationalisme en se croyant tenus, devant les clameurs des patriotes professionnels, de se montrer tout aussi cocardiers qu'eux, mais ils ne lui ont pas moins déclaré une guerre sans merci ; et l'on ne peut refuser à la très grande majorité du parti véritablement radical le sens profond du civisme implacablement hostile, dans son essence même, au militarisme belliqueux et tapageur.

Vont-ils s'en souvenir demain ?

Il est trois points au moins sur lesquels le parti est demeuré irréductible, sinon en fait, du moins verbalement.

C'est d'abord la lutte contre le cléricalisme, lutte ardente, lutte sans trêve, qui en refoulant dans leurs temples les castes sacerdotales ; en ramenant les religions sur le même plan que les systèmes philosophiques ; en libérant les consciences de l'énorme compression exercée par un culte envahisseur et privilégié s'est proposé un double but : réaliser l'entière laïcisation de l'Etat en lui imposant la préoccupation exclusive de tout le bien-être possible ici-bas, sans autre souci du bonheur promis dans le mysticisme de l'au-delà, et assurer à tous les individus, quelles que soient leurs opinions et leurs croyances une entière liberté de conscience.

C'est ensuite la réforme de l'impôt dans le sens d'une répartition plus équitable des charges entre tous les contribuables.

C'est, enfin, l'intervention autoritaire de l'Etat pour l'établissement de relations sincèrement démocratiques entre le capital et le travail pour une plus juste répartition des richesses produites; pour l'atténuation des misères provenant du chômage, de l'invalidité et de la vieillesse.

En résumé: parti de transition, le Parti radical, fatalement, est appelé à disparaître.

Mais l'on peut affirmer qu'il durera comme tous les partis puissants, en se modifiant, en se précisant, jusqu'au jour où son action sera devenue inutile ou dangereuse à la Démocratie toujours en progrès.

3. — Parti radical-socialiste.

Une scission qui s'est produite sous le ministère Combes a rejeté hors de la *Gauche radicale-socialiste*, dans un groupe nouveau qui a pris le nom *d'Extrême-gauche radical-socialiste*, les dissidents qu'inquiétait la vigoureuse politique de M. Combes.

Le Parti radical-socialiste, qui eut jadis Clémenceau pour parrain, s'est constitué en prenant au Parti radical ses éléments les plus avancés.

Il forme, en quelque sorte, un parti de transition, entre les radicaux, qu'il dépasse par la hardiesse de ses conceptions, et les socialistes, auxquels il refuse de sacrifier la propriété individuelle.

Il faut ajouter qu'il commence à faire des réserves sur les transformations que pourra subir, au cours des évolutions futures, le régime de la propriété moderne.

Son idéal social, c'est le travailleur possesseur de son outil.

Mais tandis que le socialisme, partant exactement de la même idée, aboutit logiquement et historiquement à la propriété collective, seule capable, selon lui, d'assurer à chaque citoyen sa part de propriété, le Parti radical-socialiste n'apporte aucune solution précise à ce problème angoissant, qui est toute la question sociale.

Débordé par l'ampleur du résultat à atteindre, par la complexité des intérêts et des forces en présence, il recule devant le danger formidable, qui résulterait d'une fausse orientation de la société, et s'en remet à l'avenir du soin de concilier les intérêts antagoniques des individus en précisant le droit et le devoir de chacun, le droit et le devoir de la collectivité sociale.

Le respect de la propriété individuelle n'empêche pas les radicaux-socialistes d'être les partisans convaincus de la nationalisation ou de la communalisation d'un certain nombre d'exploitations industrielles ou commerciales, de celles particulièrement qui assurent les grands services publics ; de celles qui réclament un contrôle sérieux, au point de vue de l'hygiène publique ; et de celles qui sont concentrées en un petit nombre de mains.

C'est ainsi qu'ils revendiquent pour l'Etat le monopole des chemins de fer, le monopole de l'alcool, etc.

Adversaires résolus des grandes puissances financières qui oppriment les sociétés modernes, ils sont les défenseurs naturels du petit industriel, du petit commerçant, du petit propriétaire foncier, du petit rentier.

Interventionnistes déclarés, ils réclament pour tous les travailleurs individuellement et collectivement la protection de l'Etat contre l'exploitation dont ces derniers sont trop souvent les victimes.

Comme les socialistes, ils considèrent que dans l'état actuel, la liberté du travail n'est qu'un mot vide de sens ; que l'ouvrier n'est pas libre d'accepter ou de refuser le contrat de travail tel qu'il lui est présenté par l'entrepreneur, puisqu'il est condamné à mourir de faim s'il ne l'accepte pas sans le discuter.

En conséquence, ils demandent pour les syndicats professionnels le droit d'intervenir collectivement dans la discussion du Contrat de travail et le droit d'organiser pacifiquement la résistance aux exigences patronales, lorsqu'elles sont excessives.

Ils sont partisans des retraites d'invalidité et de vieillesse, de l'assurance obligatoire contre les risques d'accidents, de maladies professionnelles et de chômage.

Parmi les réformes les plus importantes défendues par bon nombre de radicaux-socialistes, signalons :

Réformes *politiques* : Suppression du Sénat et de la présidence de la République.

Rétablissement du scrutin de liste et représentation proportionnelle des minorités.

Réformes *administratives* : Décentralisation générale.

Réduction du nombre des départements.

Autonomie relative des communes.

Suppression des sous-préfets,

Etablissement du régime des traitements fixes pour les officiers ministériels.

Réformes *judiciaires* : Retour à l'élection des juges par le peuple, pratiquée sous la Révolution.

Suppression des tribunaux d'exception : Conseils de guerre, etc....

Unification des juridictions : toutes les questions *de fait* tranchées par le jury ; toutes les questions *de droit* tranchées par le juge.

Suppression de l'Ordre des avocats et du privilège des avocats.

Réformes *scolaires* : Laïcité et gratuité de l'enseignement *à tous les degrés*.

Généralisation progressive de l'enseignement professionnel.

Réformes *fiscales* : Etablissement d'un impôt progressif sur le revenu.

Suppression des octrois.

Partisans de l'arbitrage internationnal obligatoire, qui rendrait les guerres désormais impossibles et mettrait fin à une longue et ruineuse période de paix armée, les radicaux-socialistes, provisoirement, se contenteraient d'un désarmement partiel et simultané des peuples, ou même dela simple limitation des armements, à la suite d'une entente internationale.

Leur idéal défensif, ce sont les milices substituées aux armées permanentes, dès que l'Europe sera mûre pour une pareille réforme.

L'activité du parti s'étend encore à une multitude de réformes partielles se rapportant : au mariage et à la constitution de la famille ; à la condition civile de la femme, totalement sacrifiée par le code ; à la suppression de l'héritage entre collatéraux ; à l'organisation du crédit, dont on voudrait faciliter l'accès aux paysans et aux artisans ; de l'armée et de la marine, où l'on voudrait voir pénétrer enfin l'esprit démocratique ; de l'Assistance publique, dont les ressources et le fonctionnement sont également insuffisants.

Depuis plusieurs années, l'union du parti radical et du parti radical-socialiste est un fait acccompli. Cette union ne comporte pas l'unification des programmes dans toutes leurs parties, mais elle est une garantie de la stabilité démocratique du parti radical, en même temps qu'elle apporte au parti radical-socialiste, un supplément de force qui devrait lui permettre de pénétrer, de plus en plus profondément, au cœur des masses populaires.

Les deux partis ont constitué dans le pays des fédérations régionales communes, avec un Comité central dont le siège est à Paris, rue de Valois.

Les partis radicaux, débordés par les éléments de conservation sociale qui se sont couverts de leur étiquette, subissent en ce moment une crise grave. Si le parti radical y sombre définitivement, il est impossible que le parti radical-socialiste n'en sorte pas plus vigoureusement armé pour la lutte contre toutes les réactions.

4. — Parti Socialiste

Le but poursuivi par la Démocratie bourgeoise ou individualiste, c'est l'amélioration de la société actuelle avec le maintien de la propriété individuelle.

Le but poursuivi par la Démocratie socialiste, c'est la suppression radicale de la société dite capitaliste et son remplacement par une société collectiviste ou communiste.

Sous le régime socialiste, tous les détenteurs de capitaux, dépossédés au profit de la masse entière des citoyens, rentrent dans le rang.

Il n'y plus que des hommes ayant un droit égal à l'existence et au travail.

Ce droit au travail leur est garanti par la société, seule propriétaire de tous les moyens de produire : terres, mines, constructions, machines, outillages, numéraire.

Le capital *socialisé* ne peut plus revenir à la forme individuelle. L'individu a la libre disposition du produit de son travail ; il peut le consommer, l'échanger ou l'épargner ; mais il ne peut l'employer à produire des richesses nouvelles. Il ne peut en tirer aucun profit.

Les terres, les mines et carrières, les capitaux industriels sont exploités, soit sous la direction de l'État, soit sous celle des communes, soit sous celle des associations professionnelles recrutant elles-mêmes leurs cadres parmi leurs membres.

On peut donc dire du régime socialiste qu'il est la République intégrale, la République prolongée sur le terrain économique.

La production collectiviste, disent ses partisans les plus autorisés, revêtira vraisemblablement des formes excessivement variées qui s'adapteront aux nécessités techniques et aux circonstances.

Dans la grande industrie, ce sera la production en commun dans de vastes usines dont l'organisation se rapprochera nécessairement de l'organisation actuelle, avec cette différence que la direction sera toujours élue.

Dans les campagnes, les communes pourront organiser l'exploitation en commun du domaine agricole dont la possession leur aura été déléguée par l'État. Au début du régime, — et rien dans la conception socialiste ne s'oppose à une pareille organisation — il est probable que les communes rurales partageront une partie de leur domaine en lots de culture qui seront attribués aux individus. La production individuelle et la production familiale continueront ainsi à subsister à côté de la production en commun. Il est bien entendu que le capital d'exploitation sera toujours fourni par la commune, en sorte que, même dans la production individuelle, il y aura toujours une part de production collective.

Rien n'empêche non plus de prévoir que les mêmes survivances de la production individuelle et familiale se retrouveront dans une foule d'industries.

On peut accepter ou repousser la conception collectiviste qui n'est encore en fait qu'une hypothèse, mais la souplesse qui lui permet de se plier à toutes les exigences techniques, à toutes les nécessités sociales, ne peut être niée par personne.

Il est vrai que l'idéal d'une société nouvelle, tel qu'il vient d'être esquissé, n'est pas celui de tous les socialistes. Un grand nombre d'entre eux, le plus grand nombre peut-être, sont irréductiblement étatistes et, c'est devant cet étatisme rigide, despotique probablement, que se cabrent les consciences éprises de liberté.

Selon la formule étatiste, qui est une formule simpliste, l'État devient l'unique entrepreneur, l'unique capitaliste de l'avenir, maître des hommes et des choses.

C'est lui qui établit la statistique des besoins nationaux ; lui qui ordonne et dirige toute la production sociale, concentre l'universalité des produits dans ses magasins géants ; en opère la répartition entre tous les citoyens en les échangeant contre les ***bons de travail*** qui ont remplacé les monnaies actuelles.

Le but et la tactique socialistes ont été condensés dans la formule suivante :

« Entente et action internationales des travailleurs. Organisation politique et économique du prolétariat en parti de classe pour la conquête des pouvoirs et la socialisation des moyens de production et d'échange, c'est-à-dire la transformation de la société capitaliste en une société collectiviste ou communiste. »

Au point de vue de la répartition des richesses produites ; au point de vue, si l'on aime mieux, de la rémunération du travail, les socialistes se divisent en Collectivistes, qui ont pour axiôme : « A chacun selon son travail », et en Communistes, qui ont comme axiôme : « A chacun selon ses besoins — besoins individuels ou familiaux ».

Au point de vue de la tactique à employer pour hâter l'avènement d'un régime socialiste, ils se divisent en réformistes et en révolutionnaires.

A). — Socialistes Réformistes

Ce sont peut-être les plus nombreux. Leur programme *minimum*, c'est-à-dire le programme de leurs revendications immédiates se confond, sous bien des rapports, avec celui des radicaux-socialistes, leurs alliés naturels, dans le domaine de la pratique législative.

Ils sont essentiellement évolutionnistes, nient qu'une révolution violente, lors même qu'elle aurait mis les pouvoirs aux mains du parti, puisse établir brusquement le régime collectiviste ou communiste sans tenir compte des situations acquises, des aptitudes individuelles, des mœurs économiques et du degré d'instruction du prolétariat.

Ils croient, en conséquence, que le socialisme ne peut se traduire en faits sociaux que progressivement, à mesure que se fera l'éducation politique et économique du prolétariat, manifestement incapable encore de prendre la direction du travail national.

Bref, à bien dire le fond des choses, ils ne diffèrent des partis radicaux que par le but final qu'ils assignent aux efforts successifs des peuples.

Ils estiment, en général, que la conception de la lutte des classes est excessive ; qu'elle doit être tempérée par la conception d'une très réelle collaboration des classes superposées, collaboration qui, sur le terrain politique, aboutit nécessairement à des alliances partielles et temporaires, mais loyales, entre le parti socialiste et les fractions les plus avancées de la bourgeoisie, celles dont les représentants à la Chambre siègent à gauche.

Ils se refusent énergiquement à confondre la Démocratie bourgeoise avec la Réaction et s'efforcent, d'accord avec elle, d'améliorer la situation de tous les travailleurs

— petits propriétaires, petits entrepreneurs ou simples salariés — en orientant progressivement la société vers une organisation rationnelle du travail.

B). — Socialistes Révolutionnaires

La liberté de réunion, la liberté de la presse, l'institution du suffrage universel, la loi sur les syndicats ont tué en France la vieille conception des barricades.

On ne croit plus nécessaire de recourir à l'insurrection quand chaque citoyen, armé de son bulletin de vote, est libre de contribuer à la réalisation de son idéal social.

On ne croit plus guère non plus à la possibilité de maintenir longtemps un régime nouveau qui aurait été établi par une minorité énergique contre la volonté de la majorité.

Le rêve d'une action violente suivie de l'établisse- de la dictature prolétarienne subsiste pourtant encore dans une forte minorité de socialistes que découragent les lenteurs de l'évolution, l'énorme distance à franchir encore et ce fait, malheureusement trop réel, que les meilleurs réformes se retournent souvent contre ceux qui étaient appelés à en bénéficier.

Mais l'épithète de révolutionnaire, bien souvent, ne qualifie plus qu'une forme de la lutte pacifique et légale pour la conquête des pouvoirs.

Les révolutionnaires, partant de ce principe que l'émancipation des travailleurs ne peut leur être concédée, qu'elle sera par conséquent l'œuvre de ces travailleurs eux-mêmes, repoussent toute entente avec la démocratie bourgeoise pour s'en tenir au dogme rigide de la lutte de classes, de la lutte de toutes les classes prolétariennes, contre toutes les classes bourgeoises, sans distinction, dont l'obstinée résistance rend vaines et puériles toutes les tentatives des réformistes.

La Révolution sociale, qui pourra être pacifique, se fera lorsque le Parti socialiste aura conquis la majorité ou du moins une très forte minorité.

Ici, toutes les fractions socialistes se retrouvent d'accord. L'accord cesse sur la question de savoir comment se constituera la propriété collectiviste.

Les uns proposent la reprise immédiate de tous les capitaux sans indemnité. D'autres préconisent la suppression de l'héritage, au profit de la société. D'autres prévoient l'allocation de pensions viagères qui s'étendraient à plusieurs générations. D'autres, enfin, sont pour le rachat avec des modes de remboursement divers.

On sait que les différentes fractions socialistes qui, toutes, sont fortement organisées et font dans le pays une propagande énergique, ont signé un pacte d'union qui les réunit en un seul parti de combat, puissamment secondé par ses coopératives de production et de consommation dont le développement est un des faits les plus remarquables de cette époque tourmentée.

CONCLUSION

L'électeur est maintenant fixé sur la valeur des partis qui sollicitent périodiquement ses suffrages.

Il sait ce qu'ils veulent. Il sait où ils tendent.

Il lui sera facile de vérifier les étiquettes arborées par les candidats. Il n'aura pour cela qu'à leur poser ou leur faire poser des questions précises, sans mouvements oratoires et sans phrases pompeuses.

Il saura ainsi ce que l'on entend par le bonheur qu'on lui promet.

Avant de le quitter nous ne chercherons pas à peser sur sa décision.

Nous lui demanderons seulement de faire un

effort de sincérité, lorsqu'il choisira entre les bulletins de vote qui lui seront distribués.

Qu'il aille où vont ses sympathies raisonnées.

Il est une unité du peuple souverain. Sa dignité et l'intérêt du pays lui commandent également de résister aux influences honnêtes ou malhonnêtes qui menacent de fausser sa conscience civique.

Qu'il fasse son devoir, tout son devoir !

Ad. VASSE.

Table des Matières

Imprimerie [illegible] et Cie, 12, rue des [illegible] Paris

www.ingramcontent.com/pod-product-compliance
Ingram Content Group UK Ltd.
Pitfield, Milton Keynes, MK11 3LW, UK
UKHW020407220726
13923UKWH00004B/1785

9 782019 960155